پینڈورا کا ڈبہ

Pandora's Box

Retold by Henriette Barkow
Illustrated by Diana Mayo

Urdu translation by Qamar Zamani

mantra

بہت زمانہ گزرا، جب دنیا شروع ہوئی تھی، یہاں دیویوں اور دیوتاؤں کی رہائش تھی۔

زیئس، دیوتاؤں کا بادشاہ، اولمپس پہاڑ پر بیٹھا تھا اور سوچ رہا تھا کہ دنیا بہت خوبصورت ہے لیکن اِس میں کہیں کچھ کمی ہے۔ اِس نے غور سے دیکھا اور طے کیا کہ دنیا میں جانوروں، چڑیوں اور مچھلیوں کی ضرورت ہے۔

Long long ago, at the beginning of time, lived gods and goddesses.

Zeus, the king of the gods, sat on Mount Olympus and thought that the earth was beautiful but also that something was missing. He looked closer and decided what was needed on earth were animals and birds and fishes.

قدیم یونانی مغربی تہذیب و تمدن میں ایک مرکزی حیثیت رکھتے ہیں۔ اِن کی دیومالائی کہانیاں قدیم یونانی معاشرے کے فنون لطیفہ، اَدب، مذہب اور تعلیم کا ایک بہت اہم حصّہ ہیں۔ اِن دیومالائی کہانیوں کے ذریعے آج ہم اندازہ کر سکتے ہیں کہ قدیم یونانی کس قسم کے لوگ تھے اور اُن کی تہذیب کیا تھی۔

The ancient Greeks stand at the cornerstone of Western civilisation. Their mythology was an integral part of the art, literature, religion and education of ancient Greek society. It is through their mythology that we today can gain some understanding of what the ancient Greeks were like as a people and a culture.

First published 2002 by Mantra
5 Alexandra Grove, London N12 8NU
www.mantralingua.com

Text copyright © 2002 Mantra Lingua
Illustrations copyright © 2002 Diana Mayo

British Library Cataloguing in Publication Data:
a catalogue record for this book is available
from the British Library.

زیئس نے دونوں ٹائی ٹنس کو بلایا جن کے نام پرومیتھیس اور اپی میتھیس تھے اور اُن کو یہ تمام مخلوق، پیدا کرنے کا حکم دیا تاکہ وہ اِس دنیا میں رہ سکیں۔ "اِس تھیلے میں کچھ ایسے تحفے ہیں جو تم اپنی خلقت کو دے سکتے ہو" اُس نے اِن دونوں سے کہا۔

Zeus called the two Titans, Prometheus and Epimetheus, to him and gave them the task of creating all the creatures to live on the earth.

"Here is a bag with some special gifts that you can give to your creations," he told them.

پرومیتھیس اور اپی میتھیس آپس میں بھائی تھے اور عام بھائیوں کی طرح اُن کی بھی اپنی اپنی خوبیاں اور کمزوریاں تھیں۔
پرومیتھیس جس کے نام کا مطلب دور اندیشی تھا اِن دونوں میں زیادہ ہوشیار تھا۔ وہ اپنے نام کے مطابق آگے کا حال دیکھ سکتا تھا۔
لہذا، اُس نے اپی میتھیس کو آگاہ کیا "میں ہمیشہ یہاں نہیں رہوں گا اِس لئے تمہیں اِن تحفوں کی اچھی طرح حفاظت کرنا ہو گی۔"

Prometheus and Epimetheus were brothers, and like many brothers each had his own strengths and weaknesses. Prometheus, whose name means forethought, was by far the cleverer, and as his name suggests, he could often see into the future. Thus it was that he warned Epimetheus: “I won’t always be here, so take great care with any gift that Zeus may give.”

حالانکہ ایپی میتھیس اپنے بھائی کی طرح ہوشیار نہیں تھا لیکن وہ بت تراشی اور بڑھئی کے کام میں ماہر تھا۔
وہ جتنے چرند و پرند بنا سکتا تھا اُس نے بنائے اور زیئس کے تھیلے میں سے سب کو تحفے دیئے۔ اُس نے کچھ
جانوروں کو لمبی گردنیں دیں، کچھ کو دھاریاں اور دُمیں، اور کچھ کو چونچیں اور پَر۔

Although Epimetheus wasn't as clever as his brother, he was good at making things, like a sculptor or a carpenter. He created all the creatures that he could think of and gave them different gifts from Zeus' bag. Some he gave long necks, others he gave stripes and tails, beaks and feathers.

جب سب چر ند پرند بن گئے تو اُس نے پرومیتھیس کو دکھائے۔ "آپ کا کیا خیال ہے؟" اُس نے اپنے بھائی سے پوچھا۔

"سب بے حد شاندار ہیں" پرومیتھیس نے کہا۔

دنیا پر نظر ڈالتے ہوئے پرومیتھیس کے دماغ میں ایک اور خیال آیا۔ ایک ایسی شبیہ بنائی جائے جو دیوتاؤں سے ملتی جلتی ہو۔
اُس نے کچھ مٹی لی اُس میں پانی ملایا اور اُس سے پہلا انسان بنایا۔

پھر اُس نے انسان کی تنہائی دور کرنے کے لئے کچھ دوست بھی بنائے۔

When he had made all the creatures he showed them to Prometheus. "What do you think?" he asked his brother.

"They are truly wonderful," said Prometheus.

Looking across the earth Prometheus then had the idea for another kind of creature - one that would be modelled on the gods. He took some clay and added some water and moulded the first man.

Then he made him some friends so that man wouldn't be lonely.

جب کامِ مکمل ہو گیا تو اُس نے یہ تمام خلقت زیئس کو دکھائی جس نے اُن میں زندگی کی روح پھونکی۔

When he had finished he showed his creations to Zeus who breathed life into them.

پرومیتھیس اوراپی میتھیس نے انسان کو سکھایا کہ اپنی دیکھ بھال کس طرح کرے۔ وہ زمین پر انسان کے ساتھ رہے اور اُس کو سکھائے کہ کس طریقے سے اپنے لئے شکار تلاش کرے، پناہ لینے کی جگہ بنائے اور کھانے کی چیزیں اگائے۔

ایک دن پرومیتھیس زیئس کے تھیلے میں سے ایک تحفہ تلاش کرنے گیا لیکن وہ بالکل خالی تھا۔ لمبی سونڈ ہاتھی کو دیدی گئی تھی، لمبی دُم بندر کو، سب سے زوردار گرج شیر کو، پرواز چڑیوں کو اور نتیجہ یہ کہ اَب کوئی تحفہ باقی نہیں تھا۔

Prometheus and Epimetheus taught man how to look after himself. They stayed on earth and lived with man teaching him how to hunt, build shelters and grow food.

One day Prometheus went to Zeus' bag to find a gift for his creations but the bag was empty. The trunk had been given to the elephant, the long tail had been given to the monkey, the biggest roar to the lion, flight to the birds and so it went until there were no more gifts.

پرومیتھیس کو اپنی خلقت سے بہت لگاؤ ہو گیا تھا۔ وہ چاہتا تھا کہ انسان کو کوئی ایسی چیز دی جائے جو اُس کی زندگی کو آسان بنا دے اور اپنی خلقت کو دیکھتے ہوئے اُسے خیال آیا کہ وہ اُن کو ایک خاص تحفہ دے گا۔ آگ کا تحفہ۔

آگ صرف دیوتاؤں کے پاس تھی اور اُس کو حاصل کرنے کا صرف یہی طریقہ تھا کہ وہ چرائی جائے۔

رات کی تاریکی میں چھپا ہوا پرومیتھیس اولمپس پہاڑ پر چڑھا اور وہاں سے ایک ننھا سا شعلہ لا کر انسان کو دے دیا۔ اُس نے اُن کو سکھایا کہ اِس شعلے کو کس طرح زندہ رکھے اور آگ سے کس قسم کے کام لئے جا سکتے ہیں۔

Prometheus, who had grown very fond of his creations, wanted something special to give to man, something that would make his life easier. And as he watched his creation the idea came to him – fire. He would give man fire.

Now fire belonged to the gods and the only way that Prometheus could give fire to man was by stealing it.

Under the cloak of darkness Prometheus climbed Mount Olympus and stole a tiny flame and gave it to man. He taught him how to keep the flame alive and all that man could do with fire.

زیئس کو اِس بات کا اندازہ کرنے میں دیر نہیں لگی کہ انسان کے پاس ایسی چیز ہے جو دراصل اُس کی ملکیت نہیں تھی۔
وہ چیز جو صرف دیوتاؤں کے پاس تھی اور جس کو دیوتا واپس نہیں لے سکتے تھے۔ زیئس غصّے سے پاگل ہو گیا اور اُس نے
دیوتاؤں کے غیظ و غضب میں آکر طے کیا کہ پرومیتھیس اور انسان دونوں کو سزا دے گا۔

زیئس نے پرومیتھیس کو پکڑا اور ایک زنجیر میں جکڑ کر چٹان سے باندھ دیا۔ درد کی کوئی انتہا نہیں تھی لیکن زیئس
کے لئے یہ کافی نہیں تھا۔ وہ پرومیتھیس کو اِس سے بھی زیادہ تکلیف دینا چاہتا تھا۔

It didn't take long for Zeus to see that man had something that didn't belong to him, something that belonged to the gods and a gift given by a god could not be taken back. Zeus was furious, and with all the rage and wrath of a god he decided to punish both Prometheus and man.

Zeus grabbed Prometheus and chained him to a cliff. The pain was almost unbearable but that wasn't enough for Zeus, he wanted Prometheus to suffer even more.

لہذا، زیئس نے ایک عقاب کو پرومیتھیس کا جگر نوچنے کے لئے بھیجا۔ ہر رات پرومیتھیس
کے جگر کا زخم بھر جاتا تھا اور ہر صبح عقاب واپس آجاتا تھا تاکہ پرومیتھیس کو زیادہ سے زیادہ
تکلیف اور ایذا پہنچا سکے۔ یہ تکلیف کبھی ختم ہونے والی نہیں تھی لہذا، پرومیتھیس کی
قسمت میں ہمیشہ ہمیشہ کے لئے یہ سزا لکھ دی گئی۔ خاتمے کی کوئی اُمید نہیں تھی۔

So Zeus sent an eagle to tear out Prometheus' liver. Every night his liver would heal and every morning the eagle would return, to torment and torture Prometheus even more.

This was pain without ending, and thus Prometheus was doomed to suffer forever without hope.

پرومیتھیس کو سزا دینے کے بعد زیئس نے یہ سوچنا شروع کیا کہ انسان سے کس طرح انتقام لے۔ زیئس نے ایک نہایت عیارانہ ترکیب سوچی۔ جو صرف دیوتا ہی سوچ سکتے ہیں۔ اُس نے ایک ایسی شبیہ بنائی جو ایک دیوی سے ملتی جلتی تھی لیکن انسان تھی۔

اُس نے عورت بنائی اور اُس میں روح پھونک دی۔

Having punished Prometheus, Zeus devised a cunning plan to take his revenge on man. A plan that was worthy of a god. He created a being that looked like a goddess but was a human.

He created woman and breathed life into her.

زیئس نے تمام دیوی دیوتاؤں کو بلایا اور سب سے کہا کہ عورت کو ایک ایک تحفہ دیں اور کئی خوبیوں کے علاوہ ایفروڈائیٹی نے عورت کو خوبصورتی عطا کی۔ اَتھینا نے اُس کو عقلمندی کا تحفہ دیا، ہَرمیس نے اُس کو زبان کی مہارت دی اور اپولو نے اُسے موسیقی کا تحفہ دیا۔

زیئس نے اُس کا نام پینڈورا رکھا اور اُس کو زمین پر رہنے کے لئے بھیج دیا۔

Zeus called the other gods and goddesses to his side and asked them each to give woman a gift. Among the many attributes, Aphrodite gave woman beauty, Athena gave her wisdom, Hermes gave her a clever tongue and Apollo gave her the gift of music.

Zeus named her Pandora and sent her to live on earth.

دیوتاؤں کی بنائی ہوئی ایک عورت جسکواُن کی طرف سے تحفے بھی ملے تھےاپی میتھیس
کو بے حد دلکش لگی اور وہ اُس کی محبت میں گرفتار ہو گیا۔
اُن کی شادی کے دن زیئس نے اُن کوایک خوبصورت اور پُراسرار ڈبّہ تحفے میں دیا۔
"اِس تحفے کی خوبصورتی سے لطف اندوز ہواور اس کی اچھی طرح حفاظت کرو۔
لیکن ایک چیزیاد رکھو۔اِس ڈبے کو کبھی کھول کر نہیں دیکھنا۔"
بیچاری پینڈورا۔ زیئس نے اُس کی قسمت چکر میں ڈال دی تھی کیونکہ اُس کو جو تحفے ملے تھے
اُن میں ایک تحفہ تجسس کا بھی تھا۔

A woman made in heaven, with the gifts of the gods, was impossible to resist and Epimetheus fell in love with Pandora.

On their wedding day Zeus gave them a beautiful and intriguing box. "Enjoy the beauty of this gift, and guard it well. But remember this - this box must never be opened."

Poor Pandora, Zeus had woven her fate, for amongst the gifts of the gods was the gift of curiosity.

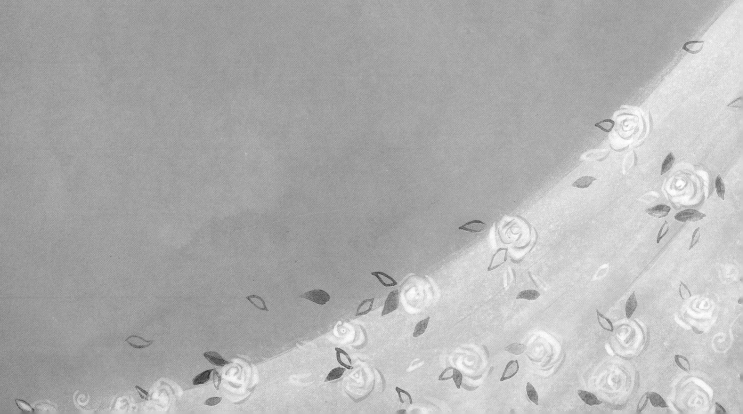

شروع شروع میں تو پینڈورا اور اپی میتھیس بہت خوش تھے۔ دنیا آسائشوں سے بھری پُر سکون جگہ تھی۔ نہ کہیں لڑائیاں تھیں نہ بیماریاں، نہ غم اور نہ تکلیف۔

جب اپی میتھیس دن بھر باہر رہتا تھا تو پینڈورا تجسس کا تحفہ نہایت عقلمندی سے استعمال کرتی تھی۔ اُس نے کھانا پکانے کے نئے نئے طریقے نکالے اور موسیقی کی نئی طرزیں ترتیب دیں۔ اُس نے اپنے چاروں طرف بکھرے جانوروں اور کیڑوں کا مطالعہ کیا۔ پینڈورا نے انسان کو سکھایا کہ آگ استعمال کرنے کے مختلف طریقے کیا ہیں اور دھات سے کیا کام لیا جاسکتا ہے۔

At first Pandora and Epimetheus were very happy. The world was a rich and peaceful place. There were no wars or illnesses, no sadness or suffering.

While Epimetheus was out all day Pandora used her gift of curiosity wisely. She found new ways to prepare their food and new music to play. She studied the animals and insects around her. Pandora showed man new ways of using fire to cook and work metals.

لیکن تجسس ایک دودھاری تلوار کی طرح ہے اور اپنے سارے نیک کاموں کے باوجود پینڈورا اُس قفل لگے ڈبے کا خیال اپنے دماغ سے نہیں نکال سکی۔ وہ روز جا کر اُس کو ایک نظر دیکھ لیتی تھی اور ہر روز اُس کو زیئس کا وہ جملہ یاد آتا تھا "یہ ڈبہ کبھی کھلنا نہیں چاہیئے!"

But curiosity is a double-edged sword, and for all the good that Pandora had done she could not put the locked box out of her mind. Every day she would just go and have a look at it. And every day she remembered Zeus' words: "This box must never be opened!"

کچھ مہینے گزر گئے تھے۔ پینڈورا آج پھر ڈبے کے سامنے بیٹھی ہوئی تھی۔ "اگر میں اِس کے اندر کی ایک چھوٹی سی جھلک دیکھ لوں تو اُس سے بھلا کیا نقصان ہو سکتا ہے؟" اُس نے اپنے آپ سے سوال کیا۔ "آخر اُس کے اندر ایسی کیا چیز ہے جو اتنی خوفناک ثابت ہو گی؟" اُس نے اپنے چاروں طرف نظر ڈال کر اطمینان کر لیا کہ وہ اکیلی ہے۔ پھر اُس نے اپنے بالوں میں سے ایک پن نکالی اور قفل کے اندر احتیاط سے ڈال دی۔

After some months had passed Pandora found herself sitting in front of the box again. "What harm would it do if I just sneaked a look inside?" she asked herself. "After all what could possibly be in there that is so terrible?" She looked around to make sure that she was alone and then she took a pin from her hair and carefully picked the lock.

جیسے ہی قفل کھلا ڈبے کا ڈھکنا پیچھے گر گیا اور اَب وہ پوری طرح کھل چکا تھا۔
یہ بیان کرنا بے انتہا مشکل ہے کہ اُس میں کس قدر ہیبتناک چیزیں رکھی ہوئی
تھیں اور اُس کے کھلنے سے دنیا میں کتنے عذاب بکھر گئے۔

As soon as the lock opened, the lid flew back and the box burst open. It is hard to explain in words the terrible things that were stored within that box and the suffering that was unleashed upon the world.

جب ڈھکنا کھولا گیا تو اُس میں سے نفرت، لالچ، وبائیں اور بیماریاں
نکل پڑیں جو آج تک ہماری دنیا کو اذیت پہنچا رہی ہیں۔

When the lid was lifted, out flew hate and greed, pestilence
and disease and all the terrible things that still torment us today.

پینڈورا نے جب دیکھا کہ اُس کی حرکت کا نتیجہ کیا تھا تو وہ سنّاٹے میں آ گئی۔ اُس نے ڈھکنا پکڑ کے اپنی پوری طاقت سے ڈبہ بند کر دیا۔

تھکن سے چور وہ فرش پر بیٹھ گئی اور سسکیاں بھرنے لگی۔

"مجھے باہر نکلنے دو! مجھے باہر نکلنے دو!" ایک چھوٹی سے نرم آواز آئی۔

پینڈورا نے اُوپر دیکھا تا کہ اِس میٹھی آواز کا پتہ لگ سکے۔

Pandora was so shocked when she saw what she had done, that she grabbed the lid and forced it down again with all her strength.

Exhausted she sat on the ground and sobbed.

"Let me out! Let me out!" cried a small and gentle voice.

Pandora looked up to see where this sweet voice was coming from.

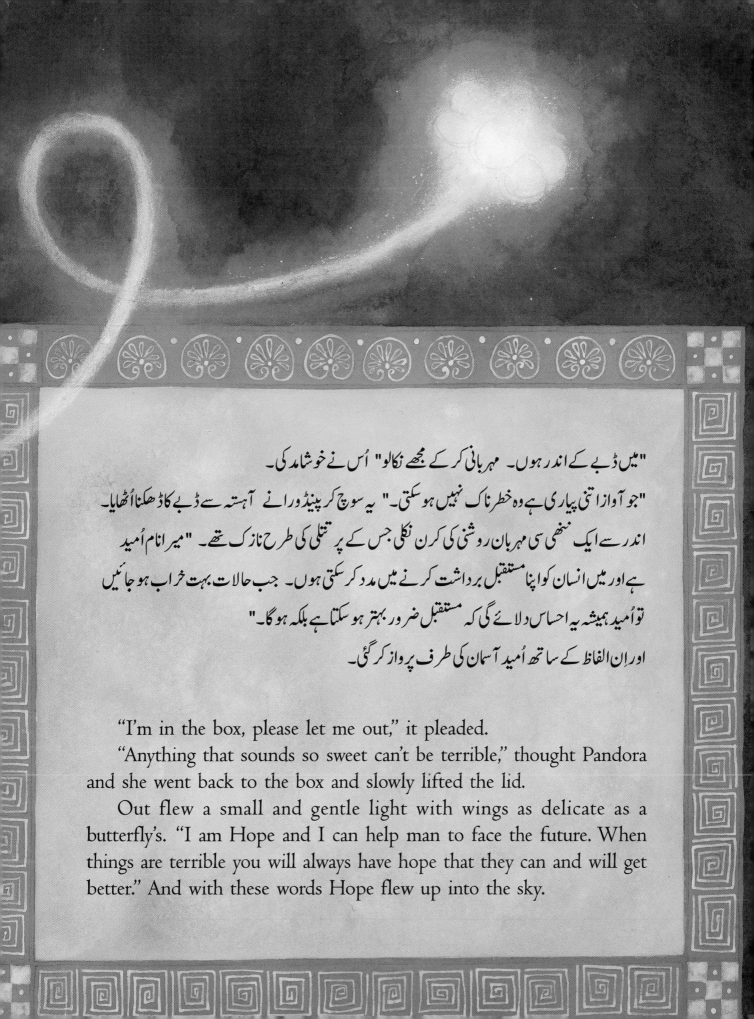

"میں ڈبے کے اندر ہوں۔ مہربانی کر کے مجھے نکالو" اُس نے خوشامد کی۔
"جو آواز اتنی پیاری ہے وہ خطرناک نہیں ہو سکتی۔" یہ سوچ کر پینڈورا نے آہستہ سے ڈبے کا ڈھکنا اُٹھایا۔
اندر سے ایک ننھی سی مہربان روشنی کی کرن نکلی جس کے پر تتلی کی طرح نازک تھے۔ "میرا نام اُمید
ہے اور میں انسان کو اپنا مستقبل برداشت کرنے میں مدد کر سکتی ہوں۔ جب حالات بہت خراب ہو جائیں
تو اُمید ہمیشہ یہ احساس دلائے گی کہ مستقبل ضرور بہتر ہو سکتا ہے بلکہ ہو گا۔"
اور اِن الفاظ کے ساتھ اُمید آسمان کی طرف پرواز کر گئی۔

"I'm in the box, please let me out," it pleaded.

"Anything that sounds so sweet can't be terrible," thought Pandora and she went back to the box and slowly lifted the lid.

Out flew a small and gentle light with wings as delicate as a butterfly's. "I am Hope and I can help man to face the future. When things are terrible you will always have hope that they can and will get better." And with these words Hope flew up into the sky.

جب اُمید زمین کے اُوپر سے گزری تو اُس کو پرومیتھیس پہاڑ سے بندھا ہوا نظر آیا اور اُس نے اُس کے دل کو چُھوا۔ کچھ ہزار سال اور گزریں گے اور پھر ہرے کلز اُسکو آزاد کر دے گا۔
لیکن وہ تو 'لوگ کہتے ہیں' ایک اور کہانی ہے۔

As Hope journeyed across the earth it passed Prometheus chained to the mountain and touched his heart.

It would take a few more thousand years before Heracles set him free but that, as they say, is another story.